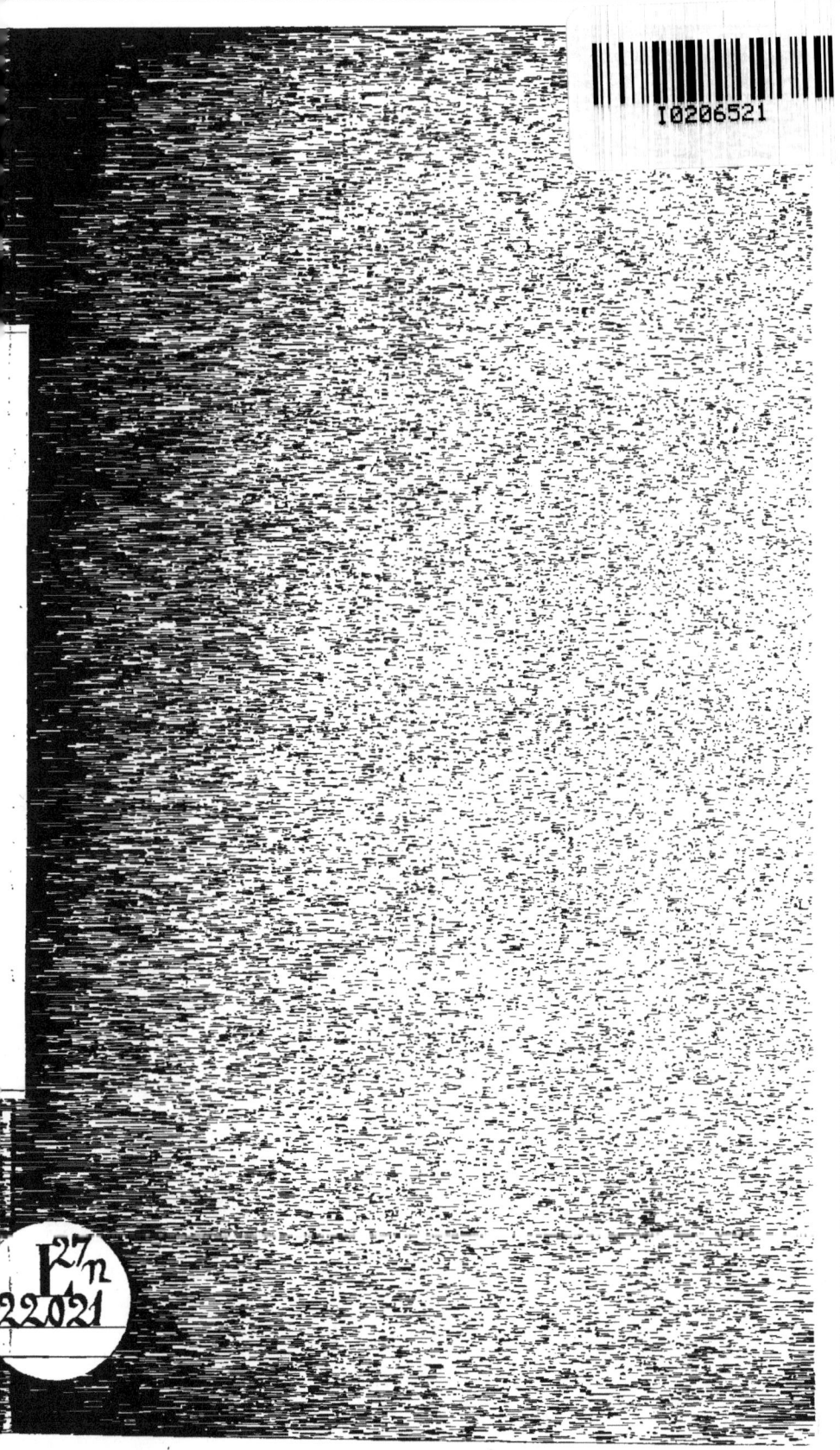

ALFRED DE MUSSET

SES POÉSIES

Lecture faite a Amiens le 8 Avril 1865

AMIENS

IMPRIMERIE DE T. JEUNET

47, RUE DES CAPUCINS, 47

1865

A V......

A vous dont le corps charmant est l'enveloppe d'une âme charmante ; à vous qui dans le fond de cette âme avez établi un culte à la mémoire d'Alfred de Musset, j'offre ces pages toutes pleines de lui.

Recevez-les comme un respectueux souvenir du plus dévoué des frères, du plus passionné des amis.

A. Th.

Paris, 10 Avril 1865.

ALFRED DE MUSSET

SES POÉSIES

Lecture faite a Amiens le 8 Avril 1865

Mesdames, — Messieurs,

Vous connaissez sans doute cette pensée de La Rochefoucauld ? — « *Il en est du véritable amour comme de l'apparition des esprits ; tout le monde en parle, mais peu de gens en ont vu.* » — Je crois que, sans être accusé de paradoxe, on en pourrait dire autant d'Alfred de Musset. Tout le monde parle du poëte, mais peu de gens ont lu ses plus beaux poëmes, et un moins grand nombre se font une idée exacte de l'homme qui les a écrits. Pour beaucoup, Musset est le poëte de la fantaisie, sautant à pieds joints par-dessus les règles, narguant l'Académie, et jetant sa raison et son esprit par-dessus les moulins. La plupart des jeunes gens qui se piquent de littérature considèrent surtout en lui le chantre des plaisirs faciles, le libre rimeur des *Contes d'Espagne et d'Italie*, l'auteur de *Mardoche*, de *Namouna* et de *Rolla* ; bien peu vont plus avant. Les gens sérieux disent : — Ah ! oui, Musset, celui qui a fait la *Ballade à la lune !* — puis ils plissent la lèvre, secouent la tête et se renferment dans leur dédaigneuse gravité. Bien mieux, il a été de bon ton pendant ces dernières années de jeter la pierre à Musset, comme on la jetait jadis à Rousseau et à Voltaire. A entendre un illustre écrivain qui a été, lui aussi, un illustre poëte, Musset n'aurait eu ni patriotisme, ni sentiments généreux, ni idées élevées (1), enfin — et ce serait là son plus grand crime — il n'aurait pas été de son temps.

Il y a un autre Musset que celui-là ;

« Il en est un plus grand, plus beau, plus poétique, »

c'est l'Alfred de Musset touché et transfiguré par la douleur, c'est le poëte sincère et éloquent, s'élançant tout meurtri par la réalité vers un idéal sans cesse poursuivi, jamais atteint ; c'est le spiritualiste dont chaque vers est une vibrante et noble pensée et dont les strophes plaintives s'envolent vers le ciel comme de beaux oiseaux blessés qui déploient pour un suprême essor leurs ailes harmonieuses et frémissantes. — Voilà l'homme que je veux essayer de vous montrer. Je professe un culte ardent pour Alfred de Musset. Il est pour moi, sinon le plus fameux, du moins le plus vrai des poëtes contemporains, et je voudrais, ce soir, vous ranger à mon opinion. Je voudrais que chacun de vous sortît d'ici avec le désir de lire ou de relire les poëmes de Musset, et si je parvenais à conquérir au poëte de nouveaux fidèles parmi vous, mes efforts seraient largement récompensés, car gagner des amis à Alfred de Musset c'est en gagner à la grande, à la vraie poésie.

Comme vous le savez, Musset, indépendamment de ses poésies, a écrit des Nouvelles qui resteront les modèles du genre, tant pour l'exquise élégance de

---

(1) Lamartine. — *Entretiens littéraires*. — XVIII et XIX. — 2ᵉ année, 1857.

la forme que pour la finesse et la délicatesse des pensées ; il a aussi composé des Proverbes qui sont de véritables comédies où la fleur de la poésie et du sel comique se trouvent mélangés de la façon la plus heureuse et la plus originale ; enfin il a épanché son âme dans un roman passionné, intitulé *la Confession d'un enfant du Siècle*. Mais je ne veux m'occuper ici que du poëte. Je laisserai de côté ses œuvres en prose, afin d'étudier plus complètement les diverses transformations de son génie poétique.

On peut distinguer dans son œuvre trois phases bien marquées, et, avec sa franchise habituelle, le poëte lui-même a pris soin de les indiquer dans le sonnet suivant qui sert de préface à ses poésies :

« Ce livre est toute ma jeunesse ;
Je l'ai fait sans presque y songer.
Il y paraît, je le confesse,
Et j'aurais pu le corriger.

« Mais quand l'homme change sans cesse,
Au passé pourquoi rien changer ?
Va-t'en, pauvre oiseau passager,
Que Dieu te mène à ton adresse.

« Qui que tu sois qui me liras,
Lis-en le plus que tu pourras,
Et ne me condamne qu'en somme.

« Mes premiers vers sont d'un enfant,
Les seconds d'un adolescent,
Les derniers à peine d'un homme. »

I

Ses premiers vers sont d'un enfant, et j'ajouterai même d'un *enfant terrible*. — On dirait un champ de folles herbes poussées en même temps dans une chaude nuit d'été. Il y a de tout dans cette hâtive floraison : des bluets et des nielles, des coquelicots et des soucis, peu de bon grain et passablement d'ivraie. Ce que cette gerbe a de caractéristique, c'est le parfum d'insouciante gaîté qui s'en exhale. Toutes ces fleurs s'étalent au soleil sans se préoccuper de la semence qu'elles jetteront au vent. Le poëte — il avait vingt ans à peine — chante comme un véritable oiseau de printemps, sans se demander par qui ses chansons seront écoutées ni quelle en sera l'influence. Plus tard il rappellera lui-même, en ces termes, ce temps des rimes étourdies et des espiègleries littéraires :

> « Alors, dans la grande boutique
> Romantique
> Chacun avait, maître ou garçon,
> Sa chanson ;
>
> « Nous allions, brisant les pupitres
> Et les vitres,
> Et nous avions plume et grattoir
> Au comptoir.
> . . . .
>
> « Et moi, de cet honneur insigne
> Trop indigne,
> Enfant par hasard adopté
> Et gâté,
>
> « Je brochais des ballades, l'une
> A la lune,
> « L'autre à deux yeux noirs et jaloux,
> Andaloux..... »

Je dois ajouter que les héros de ces premières compositions sont tous, hommes et femmes, d'assez peu recommandables personnages : *Don Paëz*, *Juana*, *Rafaël Garuci*, *Portia* et *Mardoche*, transportés dans la réalité, seraient tous plus ou moins justiciables de la police correctionnelle ou de la cour d'assises. Mais il faut dire, à la décharge de l'auteur, qu'en 1830 tous ces singuliers héros étaient à la mode, absolument comme aujourd'hui les dames du demi-monde, les ingénieurs et les agents de change qui peuplent nos comédies. Or, en fait de modes littéraires, mon avis est qu'il faut être indulgents les uns pour les autres. Ne soyons pas trop sévères pour les héros de 1830, nous ne savons pas ce qu'on dira des nôtres dans vingt ans. — Les situations des *Contes d'Espagne* valent les personnages. Dans ces petits poëmes où l'auteur a entassé comme en se jouant toutes les hardiesses et toutes les invraisemblances, on s'aime pendant une heure et on passe le reste de son temps à s'entretuer, à rosser le guet et à chanter des sérénades. Mais déjà à travers ces rodomontades, ces imbroglios absurdes, et ces imitations de Régnier ou de Byron, on voit jaillir de vigoureux jets de franche poésie et on sent que sous ce fouillis fermente une sève originale. Je citerai pour mémoire deux morceaux que tous les lecteurs de *Don Paëz* et de *Portia* doivent avoir retenus : — la description du duel de Paëz et l'invocation aux vieillards de la deuxième partie de *Portia*. On trouve là une émotion contenue, un lyrisme plein de verve, une énergique justesse d'expression, et on reconnaît qu'on a affaire à un vrai poëte. C'était en effet un poëte qui venait d'éclore, et il le prouve quelques années plus tard en publiant son *Spectacle dans un fauteuil*. Mais avant d'étudier cette seconde incarnation de son talent, je me vois obligé, pour l'expliquer, d'entrer dans quelques détails biographiques. Je n'aime pas la biographie, et je suis, sur ce point, de l'avis de Gustave Planche : « Quand je posséderais toute la vie privée des hommes dont le nom est aujourd'hui célèbre, je me garderais bien de la révéler. » — Mais il y a un tel accent de sincérité dans les œuvres de Musset, chez lui le poëte et l'homme sont si intimement liés qu'on se trouve forcément amené à dire quelques mots de sa vie privée.

Musset, en quittant le collége pour le monde, s'était trouvé par son nom et ses relations, mêlé à la société de jeunes gens riches, élégants et oisifs dont la principale occupation était la recherche du plaisir sous toutes ses formes et avec tous ses raffinements. Cette jeunesse formait comme un cénacle d'aristocratiques épicuriens et de dilettanti voluptueux dans la compagnie desquels Musset apportait son esprit fin et sa verve étincelante, et où chacun le fêtait et le choyait. On était alors dans la fièvre de l'imitation byronienne, et naturellement ce qu'on imitait de Byron ce n'étaient ni ses souffrances, ni ses agitations, ni ses dévouements; non, c'était l'envers ou plutôt le travers de sa vie; c'étaient ses orgies légendaires, ses aventures romanesques, ses forfanteries et ses satiétés. En un mot, on s'évertuait à mettre en pratique les fanfaronnades de vice semées par le poëte anglais dans son *Don Juan*. Les plus regrettables parties de *Rolla* et de *Namouna* reflètent avec une triste fidélité les préoccupations de ce temps-là.

Mais chez les natures élevées la jouissance que peuvent donner les plaisirs des sens est rapidement suivie d'une lourde lassitude. Le dégoût de la volupté monte vite aux lèvres, et c'est là pour moi une des preuves frappantes de la spiritualité de l'âme. Nous sommes si peu faits pour la vie des sens qu'à peine nous y sommes-nous jetés nous étouffons dans son horizon étroit et que nous demandons à en sortir, fût-ce par la porte de la douleur. Nous comprenons que ce n'est pas là notre pays, que ce n'est pas là notre destinée, et, pris d'une nostalgie profonde, nous tournons, comme la *Mignon* de Gœthe, nos regards inquiets vers la terre où fleurissent les joies de l'esprit. C'est là, c'est là qu'est notre patrie !

Toutes ces satiétés et toutes ces aspirations, Musset les a éprouvées et comme condensées dans le poëme qui ouvre le *Spectacle dans un fauteuil*, — *La coupe et les lèvres.*

Frank, le héros de ce poëme dramatique, est un montagnard du Tyrol, las de la libre vie de la montagne et avide de goûter à toutes les jouissances : — la volupté, la richesse, la gloire. Il part après avoir mis le feu à sa chaumière. Il abandonne ses amis, sa fiancée, son pays et va courir les aventures. Tous ses rêves se réalisent : il devient l'amant de la belle Monna Belcolore, il joue et voit l'or s'entasser devant lui, il fait la guerre et gagne des batailles. Le voilà aimé, riche et glorieux... Est-il satisfait? Hélas! il est rassasié de plaisirs, d'or et de couronnes. Il a vidé toutes ces coupes ardemment souhaitées et les a brisées à ses pieds. La vie lui est à charge et il en veut sortir, et il le crie à la terre et aux astres :

« O mondes, ô Saturne, immobiles étoiles,
Magnifique univers, en est-ce ainsi partout?
O nuit, profonde nuit, spectre toujours debout,
Large création, quand tu lèves tes voiles
Pour te considérer dans ton immensité,
Vois-tu du haut en bas la même nudité?
— Dis-moi donc en ce cas, dis-moi, mère imprudente,
Pourquoi m'obsèdes-tu de cette soif ardente
Si tu ne connais pas de source où l'étancher?
Il fallait la créer, marâtre, ou la chercher.
L'arbuste a sa rosée et l'aigle sa pâture.
Et moi, que t'ai-je fait pour m'oublier ainsi?
Pourquoi les arbrisseaux n'ont-ils pas soif aussi?
Pourquoi forger la flèche, éternelle Nature,
Si tu savais toi-même, avant de la lancer,
Que tu la dirigeais vers un but impossible
Et que le dard parti de ta corde terrible,
Sans rencontrer l'oiseau pouvait te traverser?
Mais cela te plaisait, c'était réglé d'avance.
Ah! le vent du matin, le souffle du printemps!
C'est le cri des vieillards.—Moi, mon Dieu! j'ai vingt ans.
Oh! si tu vas mourir, ange de l'espérance,

Sur mon cœur en partant viens encor te poser,
Donne-moi tes adieux et ton dernier baiser,
Viens à moi. — Je suis jeune et j'aime encore la vie,
Intercède pour moi ; — demande si les cieux
Ont une goutte d'eau pour une fleur flétrie. —
Bel ange, en les buvant, nous mourrons tous les deux. »

Voilà le cri de l'âme rassasiée des joies de la matière et aspirant à une patrie meilleure. Ce cri, vous le retrouverez dans *Namouna*, au milieu des éclats de rire et des fantastiques allures d'une fable rendue absurde à dessein. Vous le retrouverez au milieu des situations étranges du poëme de *Rolla*.

Ce poëme fameux est un de ceux qui renferment les plus beaux vers d'Alfred de Musset; mais je dois ajouter qu'après *Mardoche*, *Rolla* est la plus défectueuse et la moins saine des œuvres du poëte. — Messieurs, le printemps ne se fait pas sans orages. Dans les nuits tumultueuses de mars, quand vous écoutez le ruissellement des tièdes giboulées, vous savez bien aussi qu'au matin vous entendrez les joyeux sifflets du merle précurseur de la verte saison, et vous vous dites que le renouveau est proche. Le génie, non plus, ne se développe pas sans crises. Au milieu des exagérations, des violences et des étrangetés de *Rolla*, on entend à chaque instant chanter quelque beau vers, et on se dit : l'heure de la floraison est venue et le génie va s'épanouir.

Ce qui caractérise cette seconde manière de Musset, c'est, au point de vue des idées, un épicurisme spirituel traversé à chaque instant par une fièvre dévorante, une soif maladive et un amer dégoût des choses de la terre ; c'est un singulier mélange de négations audacieuses et de religieux élans vers l'idéal, de pleurs et de sourires, de tableaux repoussants et de scènes gracieuses. Au point de vue de la forme, la plus simple lecture suffit pour démontrer que l'artiste est en progrès ; le souffle s'est agrandi, le rhythme, harmonieux et rapide, semble avoir des ailes, les images sont saisissantes, l'expression est poétique et toujours juste, et un accent de sincérité émue circule dans chaque poëme et donne à chaque vers de la lumière et de la vie.

Ce qui étonne dans cette œuvre, et ce qu'on admire, c'est la fécondité des ressources de l'écrivain, c'est la souplesse de son esprit. Entre le drame désespérant de *La coupe et des lèvres* et le funèbre poëme de *Rolla*, fleurit comme une touffe de marguerites, le gracieux badinage intitulé: *A quoi rêvent les jeunes filles?* Je vous signale cette pièce parce qu'on y respire un air pur, virginal, et comme un frais parfum d'honnêteté et de candeur. Le rire n'y est jamais faux et la plaisanterie y est toujours du meilleur aloi. Il y a une chose remarquable chez Musset : c'est, dans toutes ses œuvres, les pires comme les meilleures, un sentiment de respect chevaleresque pour la jeune fille et l'honnête femme, et ce sentiment est toujours rendu avec une grâce et une chasteté d'expression qui réjouissent le cœur. Ce sentiment, vous le trouverez dans *Barberine*, dans la touchante élégie de *Lucie*, dans le conte d'*Une bonne fortune*. Permettez-moi de vous citer, à l'appui de cette appréciation, deux passages pris dans *le Spectacle dans un fauteuil*.

Le premier est un portrait de jeune fille :

« J'ai trouvé sur un banc une femme endormie,
Une pauvre laitière, une enfant de quinze ans.
Le cher ange dormait les lèvres demi-closes —
(Les lèvres des enfants s'ouvrent comme les roses
Au souffle de la nuit.) — Ses petits bras lassés
Avaient dans son panier roulé les mains ouvertes.
D'herbes et d'églantine elles étaient couvertes.
De quel rêve enfantin ses sens étaient bercés?
Je l'ignore. — On eût dit qu'en tombant sur sa couche
Elle avait à moitié laissé quelque chanson
Qui revenait encor voltiger sur sa bouche
Comme un oiseau léger sur la fleur d'un buisson..... »

Le second est tiré de la pièce : *A quoi rêvent les jeunes filles ?* C'est un père qui parle :

« Mon Dieu, tu m'as béni. — Tu m'as donné deux filles.
Autour de mon trésor je n'ai jamais veillé.
Tu me l'avais donné, je te l'ai confié.
Je ne suis point venu sur les barreaux des grilles
Briser les ailes d'or de leur virginité.
J'ai laissé dans leur sein fleurir ta volonté.
La vigilance humaine est une triste affaire.
C'est la tienne, ô mon Dieu, qui n'a jamais dormi.
Mes enfants sont à toi ; je leur savais un père,
J'ai voulu seulement leur donner un ami.
— Tu les a vu grandir, tu les as faites belles.
De leurs bras enfantins, comme deux sœurs fidèles,
Elles ont entouré leur frère à cheveux blancs.
Aux forces du vieillard leur sève s'est unie ;
Ces deux fardeaux si doux, suspendus à sa vie,
Le font vers son tombeau marcher à pas plus lents.
— La nature aujourd'hui leur ouvre son mystère.
Ces beaux fruits en tombant vont perdre la poussière
Qui dorait au soleil leur contour velouté.
L'amour va déflorer leurs tiges chancelantes.
Je te livre, ô mon Dieu, ces deux herbes tremblantes,
Donne-leur le bonheur si je l'ai mérité. »

Cette heureuse fantaisie est partout écrite avec le même charme et la même délicatesse. On dirait qu'avant de préluder à des hymnes graves et douloureux Musset avait voulu répéter une dernière fois ses mélodies les plus joyeuses et les plus enchanteresses. — Parmi les détails de cette frise de Saint-Vincent de Paule, peinte par Flandrin et justement appelée les *Panathénées chrétiennes*, il y a au milieu de la procession des saintes pénitentes une figure qui m'a souvent frappé : c'est une belle pécheresse, sainte Pélagie, qui, avant de se joindre au groupe en marche vers le Christ, se dépouille de ses joyaux et les laisse tomber avec un geste plein d'une grâce mélancolique. — Ainsi, avant de s'engager dans les rudes sentiers de la douleur, la Muse d'Alfred de Musset déposait dans une dernière œuvre ses plus gais sourires et ses plus jeunes chansons.

II

Me voici arrivé, Messieurs, au point culminant du génie poétique de Musset, et je me vois ici forcé encore de toucher à la biographie. — Il advint qu'un jour, au milieu des dissipations de sa vie mondaine, Musset fut pris d'une passion aussi ardente que sincère : il aima, et il aima violemment ; puis, après plusieurs années, son amour subit le destin de la plupart des choses humaines et fut impitoyablement brisé. Le poëte en ressentit une immense douleur. Je ne veux pas rechercher ici lequel, de Musset ou de la femme célèbre qu'il aimait, eut le plus de part dans ce déchirement. Cette inutile question a fait l'objet, il y a cinq ans, d'une polémique bruyante et regrettable, et je ne puis ni ne veux la reprendre. Ce qu'il nous importe de savoir, c'est que cette épreuve causa au poëte une inexprimable souffrance et qu'elle transforma son cœur et sa pensée.

Si vous voulez connaître l'histoire navrante de cet amour brisé, lisez la *Lettre à Lamartine*. C'est dans cette œuvre toute palpitante que le poëte a mis le mieux son cœur à nu, et en a élargi les blessures avec une amère volupté. C'est à Lamartine, c'est au chantre d'*Elvire* qu'il adresse sa plainte et qu'il fait sa confession :

« J'ai cru pendant longtemps que j'étais las du monde ;
J'ai dit que je niais, croyant avoir douté,
Et j'ai pris devant moi, pour une nuit profonde,
Mon ombre qui passait pleine de vanité.
Poëte, je t'écris pour te dire que j'aime,
Qu'un rayon de soleil est tombé jusqu'à moi,
Et qu'en un jour de deuil et de douleur suprême
Les pleurs que je versais m'ont fait penser à toi. »

Toute cette lettre est une élégie déchirante, mais une élégie qui n'a rien de troublant ni d'affaiblissant pour la pensée. C'est une plainte qui retrempe l'âme, au contraire, et qui la relève. Savez-vous quelle est la conclusion du poëte délaissé, du sceptique, du sensualiste d'autrefois?... La voici :

« Créature d'un jour qui t'agites une heure,
De quoi viens-tu te plaindre et qui te fait gémir ?
Ton âme t'inquiète et tu dis qu'elle pleure :
Ton âme est immortelle et tes pleurs vont tarir.

. . . .

« Le regret d'un instant te trouble et te dévore ;
Tu dis que le passé te voile l'avenir.
Ne te plains pas d'hier ; laisse venir l'aurore :
Ton âme est immortelle et le temps va s'enfuir.

« Ton corps est abattu du mal de ta pensée ;
Tu sens ton front peser et tes genoux fléchir.
Tombe, agenouille-toi, créature insensée :
Ton âme est immortelle, et la mort va venir.

« Tes os dans le cercueil vont tomber en poussière ;
Ta mémoire, ton nom, ta gloire vont périr,
Mais non pas ton amour, si ton amour t'est chère ;
Ton âme est immortelle, et va s'en souvenir. »

Et maintenant, Messieurs, convenez qu'une douleur humaine qui se traduit par de pareils accents, est une douleur sacrée, une douleur que tous les amis du grand et du beau doivent bénir.

C'est sous cette puissante inspiration de la douleur que Musset a écrit ses chefs-d'œuvre ; je veux parler de ses quatre *Nuits* que je considère comme les modèles les plus purs et les plus achevés de la poésie lyrique contemporaine. — Le temps ne me permet pas d'étudier avec vous ces quatre poëmes, mais je veux essayer de vous donner au moins l'analyse de deux d'entre eux. Je commencerai par *la Nuit de Mai*.

Avez-vous entendu quelques-unes de ces sonates de Mozart si pleines de fraîcheur et de tendresse passionnée? Avez-vous quelquefois traversé, par une douce nuit de printemps une vallée plantureuse et féconde, quand tous les pommiers et toutes les aubépines sont en fleurs, quand tous les rossignols chantent à la clarté des étoiles? Eh bien! rappelez-vous vos impressions, non pour avoir une idée de la *Nuit de Mai*, mais comme une sorte de préparation et d'introduction aux sentiments qui animent cette œuvre. Le poëte est seul, un soir, dans sa cellule, seul avec son inspiration, — sa muse. Au dehors, on sent le printemps qui renaît :

« . . . . L'immortelle Nature
Se remplit de parfums, d'amour et de murmures
Comme le lit joyeux de deux jeunes époux. »

Au dedans de lui, le poëte sent aussi les premiers souffles du renouveau. Sa muse tressaille et l'appelle. L'inspiration bouillonne et fermente dans son sein, comme le vin dans les celliers quand la vigne commence à fleurir. A mesure que la nuit s'épaissit, cette voix intime devient plus pressante, et le poëte, encore tout meurtri du coup qui l'a frappé, se sent gagné peu à peu par cette parole amie. Il relève la tête et prête l'oreille. La voix grandit toujours dans le silence de cette nuit parfumée de l'odeur des lilas, et ses appels éloquents ressemblent à ces soupirs passionnés que le rossignol pousse, l'un après l'autre, dans l'ombre des vergers, comme autant d'amoureuses interrogations à la nuit.

Chantons ! dit l'inspiration :

« Viens, chantons devant Dieu; chantons dans tes pensées,
Dans tes plaisirs perdus, dans tes peines passées ;
Partons dans un baiser pour un monde inconnu :
Éveillons au hasard les échos de ta vie,
Enivrons-nous de bonheur, de gloire et de folie,
Et que ce soit un rêve, et le premier venu. »

Et voilà cette inspiration ailée, cette fille de la nuit de mai, qui de son haleine suave effleure tous les sujets poétiques que l'histoire et la fantaisie ont fait éclore : la verte Ecosse, et la brune Italie, et la Grèce lumineuse ; les batailles, les souvenirs d'enfance, les rêves mystiques de la foi et les chevaleresques amours ; les agrestes sentiers de l'idylle, les coupes amères de la mélancolie, les vanités de la gloire ; elle remue de son souffle toutes choses, et au choc de son aile les beaux vers s'envolent comme autant de papillons d'azur éveillés sur les grandes herbes par les premières brises du matin. — Prends ton luth ! crie-t-elle au poëte :

« Prends ton luth ! je ne peux plus me taire.
Mon aile me soulève au souffle du printemps.
Le vent va m'emporter, je vais quitter la terre.
Une larme de toi ! Dieu m'écoute. Il est temps !... »

Mais à tous ces transports le poëte ne répond que par des soupirs. Les sanglots étouffent sa voix, et ses mains n'ont plus la force de faire vibrer les cordes de son luth. — La Muse alors d'une voix plus énergique et plus mâle chante la sainteté et la sublimité de la douleur.

« Rien ne nous rend si grands qu'une grande douleur
. . . .
Les plus désespérés sont les chants les plus beaux,
Et j'en sais d'immortels qui sont de purs sanglots. »

C'est par ce vivifiant éloge des larmes que se termine ce chant commencé au milieu des symphonies printanières. La Muse se tait et la douleur du poëte ferme le poëme par cette plainte déchirante :

« J'ai vu le temps où ma jeunesse
Sur mes lèvres était sans cesse
Prête à chanter comme un oiseau ;

Mais j'ai souffert un dur martyre
Et le moins que j'en pourrais dire
Si je l'essayais sur ma lyre
La briserait comme un roseau. »

Je passe maitenant à l'analyse de la *Nuit de Décembre*.

Il y a au Musée du Louvre, dans le *salon carré*, près de la *Joconde* de Léonard de Vinci, un portrait attribué au *Francia*, représentant un jeune homme aux sombres vêtements, appuyé d'un air pensif sur une balustrade de marbre. Cette maigre figure, aux yeux creusés et voilés par la tristesse, fait face au spectateur et se détache en noir sur un ciel pur, déjà bruni par le crépuscule. Son attitude désolée est la personnification de la douleur solitaire, et elle me semble traduire d'une façon saisissante l'impression que donne la *Nuit de Décembre*.

Nous retrouvons le poëte dans sa chambre d'étude, mais non plus au milieu des parfums d'une nuit de printemps. La soirée est triste, la bise fait battre les volets avec un bruit lamentable, l'hiver pleure à la fenêtre. Il est seul avec les souvenirs de son amour perdu ; il en a rassemblé les dernières reliques, les chers débris, et il les contemple avec des sanglots, et il se rappelle tous ses bonheurs passés. A ce ressouvenir, le sentiment de son abandon et de sa solitude devient plus poignant et plus terrible. Tout-à-coup, aux lueurs incertaines de la lampe, il lui semble voir dans la pénombre une forme muette se dresser. — Qui ne les a pas connues, ces hallucinations des nuits solitaires ? Quelles sont les natures tourmentées ou studieuses qui, dans le silence de leur veille prolongée, n'ont pas eu de ces visions si saisissantes qu'elles semblent des réalités ?

Le poëte voit s'asseoir en face de lui *un morne et pâle* jeune homme, *vêtu de noir*, à l'attitude désolée comme celle du portrait peint par le Francia. Alors il se rappelle et il énumère toutes les circonstances de sa vie où ce même fantôme lui est déjà apparu.— Ecolier, il l'a aperçu dans une veillée à la salle d'étude ; à quinze ans, il a rencontré dans les sentiers perdus d'un bois ce pâle adolescent *vêtu de noir, qui lui ressemblait comme un frère ;* il l'a revu dans sa chambre d'étudiant, il l'a retrouvé parmi les convives d'un souper et son verre s'est brisé en touchant le sien... Plus tard, dans ses voyages, en Suisse, en Italie, au bord du Rhin ou de l'Océan, partout il l'a rencontré sur sa route :

> « Partout où j'ai voulu dormir,
> Partout où j'ai voulu mourir,
> Partout où j'ai touché la terre,
> Sur ma route est venu s'asseoir
> Un malheureux vêtu de noir
> Qui me ressemblait comme un frère. »

Et le poëte inquiet élève la voix et interpelle cette apparition mélancolique :

> « Qui donc es-tu, spectre de ma jeunesse,
> Pèlerin que rien n'a lassé ?
> Dis-moi pourquoi je te trouve sans cesse
> Assis dans l'ombre où j'ai passé.
> Qui donc es-tu, visiteur solitaire,
> Hôte assidu de mes douleurs ?
> Qui donc es-tu, qui donc es-tu, mon frère,
> Qui n'apparais qu'au jour des pleurs ? »

Comme le spectre dans *Hamlet* la vision se laisse enfin toucher, ses lèvres remuent, ses paroles résonnent dans la nuit :

> « Je ne suis ni Dieu ni démon,
> Et tu m'as nommé par mon nom
> Quand tu m'as appelé ton frère ;
> Où tu vas, j'y serai toujours,
> Jusques au dernier de tes jours
> Où j'irai m'asseoir sur ta pierre.

> « Le ciel m'a confié ton cœur ;
> Quand tu seras dans la douleur,
> Viens à moi sans inquiétude,
> Je te suivrai sur le chemin ;
> Mais je ne puis toucher ta main,
> Ami, je suis la solitude. »

Je ne sais si ces rapides analyses vous ont amenés à partager mon sentiment, mais il me semble qu'elles permettent déjà de se rendre compte de la différence qui existe entre ces derniers poëmes et les précédentes œuvres de Musset. Les poésies du *Spectacle dans un fauteuil*, si éloquentes qu'elles soient, laissent l'esprit troublé, mécontent de soi et des autres, et en proie à une sorte de malaise ; les poëmes des *Nuits*, malgré leurs accents douloureux, élèvent l'âme et la purifient en l'élargissant. Ainsi, au sommet des montagnes alpestres, le froid est plus saisissant, mais le vent qui passe sur les glaciers apporte aux poumons un air plus pur, et l'immense horizon qu'on a devant les yeux fait oublier les morsures de la bise et les fatigues du chemin.

Les étrangers nous ont jadis souvent reproché le dénuement de notre poésie lyrique. Nous pouvons aujourd'hui leur répondre fièrement avec les *Nuits* d'Alfred de Musset. Je ne connais ni en France ni ailleurs d'œuvres lyriques à la fois plus originales, plus élevées et plus émouvantes. Si je cherche des termes de comparaison en Angleterre et en Allemagne, je ne vois à la même hauteur que Byron et Henri Heine ; mais je ne trouve ni dans l'un ni dans l'autre, au même degré, l'élévation des idées, la précision, le naturel et la netteté, « ce vernis des maîtres », selon le mot de Vauvenargues. Si je fais le même travail de comparaison en France, je n'entends nulle part d'accents plus vrais et plus passionnés. Au point de vue de la pureté de la forme et de l'harmonie du vers, il me faut remonter jusqu'à Racine pour retrouver la même perfection. Il y a en versification deux sortes d'harmonie : l'une consiste dans cet *heureux choix de mots harmonieux* dont parle Boileau : c'est une musique sonore et berceuse comme le bruit des flots paisibles venant l'un après l'autre expirer sur le sable ; mais cette musique des mots n'existe parfois qu'aux dépens de la pensée, et dans tous les cas elle l'amollit et l'exténue ; — l'autre harmonie consiste surtout dans l'allure rhythmique du vers, dans le mouvement musical des idées ; — c'est là l'harmonie des vers de Musset.

Nous avons gagné le plein courant de la poésie d'Alfred de Musset. Cette large et pure inspiration de la *Nuit de Mai*, nous la verrons couler également dans les *Nuits d'Août* et *d'Octobre* ; c'est elle qui anime les *Stances à la Malibran*, la prière de l'*Espoir en Dieu*, et le simple récit d'*Une soirée perdue*; c'est elle qui résonne dans cette fière et vaillante épître *sur la Paresse*, où le poëte a montré qu'il connaissait mieux son temps qu'on ne voulait bien le dire.

Il était de son temps, Messieurs, ne vous y trompez pas, et puisqu'on a accusé son patriotisme, c'est le moment de repousser cette calomnie.

En 1840, vous le savez, la question d'Orient amena chez nous des préoccupations belliqueuses. Sitôt qu'en France on parle de faire la guerre, en Allemagne on tremble pour les frontières du Rhin. Un poëte allemand, Nicolas Becker, saisit cette occasion pour rimer une chanson qui devint bientôt populaire, et dont voici les principaux couplets :

« Ils ne l'auront pas, le libre Rhin allemand,
« quoiqu'ils le demandent dans leurs cris, comme
« des corbeaux avides,

« Aussi longtemps qu'il roulera paisible, portant
« sa robe verte, aussi longtemps qu'une rame frap-
« pera ses flots.

« Ils ne l'auront pas, le libre Rhin allemand,
« aussi longtemps que les cœurs s'abreuveront de
« son vin de feu ,

« Aussi longtemps que les rocs s'élèveront au
« milieu de son courant , aussi longtemps que les
« hautes cathédrales se reflèteront dans son mi-
« roir, etc. »

Je ne veux pas dire de mal des Allemands : leur nation est une grande nation et ils ont fait beaucoup pour l'épanouissement de la pensée humaine. Mais quand il s'agit du Rhin, il semble que le vin des coteaux voisins du fleuve leur monte à la tête. Ils me rappellent, je leur en demande pardon, ce mulet de La Fontaine qui parlait sans cesse de *sa mère la jument* et ne se souvenait plus de *l'âne son père*. Les Allemands nous parlent toujours de 1815, mais ils ont oublié 1792. — Il y a chez moi, aux confins de la Champagne et de la Lorraine, une vieille forêt aux défilés profonds,—l'Argonne. Les bûcherons du pays répètent encore à leurs petits-neveux l'histoire des Prussiens écrasés par Dumouriez et teignant de leur sang les futaies des gorges de La Chalade. — Voilà l'histoire que l'Allemagne a oubliée. — Qui se chargea en France de la rapprendre à Nicolas Becker ?... Ce fut Alfred de Musset, et voici sa réponse :

« Nous l'avons eu, votre Rhin allemand ;
    Il a tenu dans notre verre.
    Un couplet qu'on s'en va chantant
    Efface-t-il la trace altière
Du pied de nos chevaux marqué dans votre sang ?

« Nous l'avons eu, votre Rhin allemand.
    Son sein porte une plaie ouverte,
    Du jour où Condé triomphant
    A déchiré sa robe verte.
Où le père a passé passera bien l'enfant.

« Nous l'avons eu, votre Rhin allemand.
  Que faisaient vos vertus germaines
  Quand notre César tout puissant
  De son ombre couvrait vos plaines ?
Où donc est-il tombé ce dernier ossement ?
. . . .

« S'il est à vous, votre Rhin allemand,
  Lavez-y donc votre livrée ;
  Mais parlez-en moins fièrement.
  Combien au jour de la curée,
Etiez-vous de corbeaux contre l'aigle expirant ?

« Qu'il coule en paix, votre Rhin allemand ;
  Que vos cathédrales gothiques
  S'y reflètent modestement ;
  Mais craignez que vos airs bachiques
Ne réveillent les morts de leur repos sanglant. »

La réponse est simple et courte, mais elle porte, et je n'ai pas besoin d'insister pour venger Musset de l'accusation bâtie sur sa prétendue indifférence. Il y a dans ces strophes un accent énergique qui part du cœur et que peuvent seuls donner l'amour et le culte de la patrie.

III

Vers le même temps où il écrivait ces couplets si véritablement français, Alfred de Musset composait une pièce qu'on met, à juste titre, pour la forme et la pensée, au même rang que les *Nuits*. Je veux parler de l'ode intitulée *Souvenir*, et datée de 1841. Indépendamment du souffle qui l'anime, cette poésie a ceci de remarquable qu'elle est due à une situation analogue à celle qui a inspiré à Lamartine et à Victor Hugo deux de leurs plus heureux poëmes : — le *Lac* et *la Tristesse d'Olympio*. Elle nous offre donc un intérêt de plus, puisqu'elle nous permet d'étudier chez les trois plus grands lyriques de ce temps leur manière de comprendre et de traiter le même sujet.

La forêt de Fontainebleau rappelait à Musset les plus belles journées de sa vie, celles qui avaient vu naître et se développer son amour. — Plus tard, lorsque cet amour fut enseveli, le poëte manifesta le désir de visiter les bois témoins de son bonheur. En vain ses amis, craignant le funeste effet de ce voyage sur son organisation nerveuse, voulurent-ils s'y opposer. Il partit. — Le désir de revoir les lieux où il a vécu heureux est presque inné chez l'homme. Qui ne l'a éprouvé au moins une fois dans sa jeunesse ou dans son âge mûr? On pressent qu'on sera déçu et qu'on ne rapportera de ce pèlerinage que des désenchantements et des serrements de cœur, et cependant on part, poussé par je ne sais quel besoin de douleurs nouvelles. — Avant Musset, Lamartine et Victor Hugo avaient été envahis par le même désir, et comme lui, après leur voyage, ils ont chanté leurs souvenirs et leurs regrets. Voyons comme chacun d'eux a traduit les mouvements de son cœur.

Vous connaissez tous *le Lac*. Vous l'avez lu dans *les Méditations*, et peut-être avez-vous entendu chanter cette mélodie où Niedermeyer a si bien réussi à interpréter en musique la poésie de Lamartine? Je me bornerai donc à analyser cette pièce, que tout le monde sait par cœur.

Après une courte plainte sur les rapides changements de la vie humaine, le poëte s'adresse au Lac dont l'année d'avant il a côtoyé les bords avec une personne aimée et près duquel il vient cette fois s'asseoir solitaire. Le lac n'a pas changé; ce sont les mêmes rochers battus par les mêmes ondes écumeuses, et à ce bruit bien connu le souvenir s'éveille au cœur du poëte :

« Un soir, t'en souvient-il ? nous voguions en silence;
On n'entendait au loin sur l'onde et sous les cieux
Que le bruit des rameurs qui frappaient en cadence
    Tes flots harmonieux. »

Le poëte se rappelle les paroles de la bien-aimée, pendant cette nuit sereine, et prenant à parti le temps qui dévore tout, il lui reproche d'emporter avec la même rapidité les jours de joie et les jours de malheur :

« Eh quoi, n'en pourrons-nous garder au moins la trace ?
Quoi ! passés pour jamais ? Quoi ! tout entiers perdus ?
Le temps qui les donna, ce temps qui les efface,
    Ne nous les rendra plus ! »

Le temps ne rend rien, et la seule consolation du poëte, c'est de supplier cette nature, qui l'entoure et qui a vu son bonheur, de s'imprégner au moins du souvenir de cette nuit envolée à tout jamais :

« Que le vent qui gémit, le roseau qui soupire,
Que les parfums légers de ton air embaumé,
Que tout ce qu'on entend, l'on voit ou l'on respire,
    Tout dise : ils ont aimé ! »

Personne ne peut lire ces beaux vers sans être touché. Quelle est la raison du charme qui nous ravit à la lecture de cette pièce si courte et si simple ? Ce qui nous émeut, ce n'est certainement pas la nouveauté des idées ; ces réflexions sur la rapidité du temps ont défrayé toute la poésie antique et ont été reprises par la pléiade du 16° siècle. Ce sont des variations mélodieuses sur le thème d'Horace :

« Eheu ! fugaces, Postume, Postume
    Labuntur anni... »

« Aimons donc ! aimons donc ! De l'heure fugitive,
    Hâtons-nous, jouissons !
L'homme n'a point de port, le temps n'a point de rives ;
    Il coule et nous passons. »

Non, ce qui nous gagne le cœur, ce n'est ni l'originalité de la pensée, ni la richesse des descriptions, ni la vivacité des images, c'est avant tout une remarquable habileté de composition : rien de trop dans cette courte poésie ; chaque strophe exprime avec netteté, avec éloquence et dans une langue pure et harmonieuse, l'idée que le poète a voulu rendre et qui trouve un écho dans l'âme de chaque lecteur. Toutes les proportions sont admirablement observées; point de longueurs, point de répétitions. Un ordre logique jusque dans l'émotion, une simplicité antique, beaucoup de naturel, et sur tout cela, comme une brume transparente, une teinte de mélancolie moderne, voilà ce qui fait la valeur de cette œuvre d'art et de sentiment.

La Tristesse d'Olympio, moins populaire que le *Lac*, fait partie du recueil des *Rayons et* des *Ombres* publié en 1840. Elle doit être classée parmi les plus remarquables poésies de Victor Hugo. — Comme Lamartine, Olympio a voulu revoir les lieux

. . . . où par tant de blessures
Son cœur s'est répandu.

Il y est revenu par une journée d'automne toute dorée de soleil. Il a tout revisité : l'étang, les retraites perdues dans les bois,

. . . . le jardin, la maison isolée,
La grille d'où l'œil plonge en une oblique allée,
Les vergers en talus.

Tout le jour il a erré autour de cette demeure qui jadis a été la sienne,

Regardant sans entrer, par-dessus les clôtures,
Ainsi qu'un paria.

Le soir venu, son cœur a débordé et la douleur s'en est exhalée :

« Que peu de temps suffit pour changer toutes choses !
Nature au front serein, comme vous oubliez !
Et comme vous brisez, dans vos métamorphoses,
Les fils mystérieux où nos cœurs sont liés !

Nous voilà loin de la prière que Lamartine adressait aux rochers de son lac. Comme dernière consolation, il suppliait la nature de garder au moins le souvenir du bonheur passé. Hélas ! la nature n'a pas de ces tendresses. Elle se développe, elle verdoie, elle fleurit sans se soucier des tristesses humaines. Les années passent et nous ne retrouvons plus même les formes accoutumées et chéries dans lesquelles nous avions comme encadré nos souvenirs. Voilà la pensée qui frappe Olympio et qu'il exprime par une série de saisissants tableaux :

« Nos chambres de feuillage en halliers sont changées ;
L'arbre où fut notre chiffre est mort ou renversé ;
Nos roses dans l'enclos ont été ravagées
Par les petits enfants qui sautent le fossé. »

La fontaine est murée, le sentier de sable fin a été empierré, la forêt a été défrichée.— C'est la commune et navrante histoire de tous les jours et de chacun de nous. Dieu nous prête tout, rien ne dure. Là où nous avons été heureux, d'autres viendront à leur tour épuiser la coupe bientôt vidée du bonheur terrestre. En vain nous avons cru confondre notre existence avec celle des lieux qui nous servaient de retraite, en vain nous avons essayé d'y fixer notre trace.

L'impassible Nature a déjà tout repris !

Et maintenant quelle est la conclusion du poëte ? — Il enveloppe le vallon bien-aimé d'un suprême regard et il s'écrie :

« Eh ! bien, oubliez-nous, maison, jardin, ombrages !
Herbe, use notre seuil ! ronce, cache nos pas !
Chantez, oiseaux ! ruisseaux, coulez ! croissez, feuillages !
Ceux que vous oubliez ne vous oublient pas. »

Les passions s'envolent, mais rien n'efface la mémoire des heures où nous avons aimé. A l'âge où les cheveux blanchissent, quand l'âme recueillie descend en elle-même, elle sent tout à-coup dans cette nuit intérieure quelque chose palpiter comme sous un voile...

C'est toi qui dors dans l'ombre, ô sacré souvenir !

Ces idées, que je n'ai fait qu'indiquer, sont développées avec un luxe de comparaisons et de descriptions qui leur donnent une vie et une animation merveilleuses, mais qui, par leur abondance même, jettent parfois de la confusion sur les lignes du dessin primitif. L'idée principale disparaît sous les images touffues comme un filet d'eau qui se perd dans les grandes herbes. Le poëte semble plus préoccupé du monde extérieur que de sa propre pensée. Les analogies, les métaphores, les énumérations l'obsèdent. Embarrassé de choisir, il revient plusieurs fois sur la même idée afin de pouvoir la revêtir tour à tour de tous les costumes brillants qu'a taillés pour elle sa féconde imagination. Là où Lamartine renferme sa pensée en une strophe, Victor Hugo en écrit dix. Mais quel mouvement et quelle couleur ! Comme le paysage du poëme se dresse vivant devant nos yeux ! Comme les moindres objets ont du relief ! Que d'ingénieuses images ? Quelle prodigieuse fantasmagorie ! — L'amas des souvenirs est *un tas de cendres froides que le vent disperse ;* les passions qui s'éloignent avec les années sont comparées à

..... Un essaim chantant d'histrions en voyage
Dont le groupe décroît derrière le coteau.

L'âme qui rêve et descend en elle-même est assimilée à un chercheur qui, une lampe à la main, descend à pas lents une rampe obscure menant à un gouffre mystérieux. — Partout la magie de l'image, partout le pittoresque ; quel dommage que ce soit aux dépens du naturel, de la limpidité, — et de la pensée !

Avant de passer à l'étude du *Souvenir* de Musset, je résume en quelques mots l'idée fondamentale de ces deux poëmes : dans *le Lac*, une plainte mélancolique sur la rapidité de la vie et une adjuration à la nature de garder au moins le souvenir des jours de bonheur évanouis ; — dans *la Tristesse d'Olympio*, la navrante constatation de l'indifférence de la nature qui fleurit sur nos joies et sur nos misères, enfin la proclamation de cette idée vraie, que le souvenir ne vit qu'en nous-mêmes. — Cette idée, indiquée seulement par V. Hugo, est presque étouffée par la description du monde extérieur ; Alfred de Musset va la reprendre et la développer.

Dès les premières strophes, on sent que ce n'est plus sur le seuil, mais dans les intimes profondeurs de son âme que le drame va se passer :

« J'espérais bien pleurer, mais je croyais souffrir
En osant te revoir, place à jamais sacrée,
O la plus chère tombe et la plus ignorée
    Où dorme un souvenir !

« Que redoutiez-vous donc de cette solitude,
Et pourquoi, mes amis, me preniez-vous la main,
Alors qu'une si douce et si vieille habitude
    Me montrait ce chemin ?

. . . .

« Ah ! laissez-les couler, elles me sont bien chères,
Ces larmes que soulève un cœur encor blessé !
Ne les essuyez pas, laissez sur mes paupières
    Ce voile du passé ! »

Nous avons affaire, non-seulement à un poëte, mais à un homme, et à un homme qui ne s'étonne ni ne rougit de pleurer. Il n'est pas venu là dans la stérile intention de jeter à la forêt une vaine plainte. Il est fier et il ne récrimine pas contre le passé. D'ailleurs, autour de lui, rien ne parle de mort ni de regrets amers ; — la lune monte et sourit à travers les arbres humides de pluie, et du cœur du poëte, pur et calme aussi, sort son ancien amour:

« Que sont-ils devenus les chagrins de ma vie ?
Tout ce qui m'a fait vieux est bien loin maintenant,
Et rien qu'en regardant cette vallée amie
  Je redeviens enfant.

« O puissance du temps ! ô légères années !
Vous emportez nos pleurs, nos cris et nos regrets ;
Mais la pitié vous prend et sur nos fleurs fanées
  Vous ne marchez jamais.

« Tout mon cœur te bénit, bonté consolatrice !
Je n'aurais jamais cru que l'on pût tant souffrir
D'une telle blessure, et que sa cicatrice
  Fût si douce à sentir.

« Loin de moi les vains mots, les frivoles pensées,
Des vulgaires douleurs, linceul accoutumé,
Que viennent étaler sur leurs amours passés
  Ceux qui n'ont point aimé !

« Dante, pourquoi dis-tu qu'il n'est pire misère
Qu'un souvenir heureux dans les jours de douleur ?
Quel chagrin t'a dicté cette parole amère,
  Cette offense au malheur ?

« En est-il donc moins vrai que la lumière existe
Et faut-il l'oublier du moment qu'il fait nuit ?
Est-ce bien toi, grande âme immortellement triste,
  Est-ce toi qui l'as dit ?

« Non, par ce pur flambeau dont la splendeur m'éclaire,
Ce blasphème vanté ne vient pas de ton cœur.
Un souvenir heureux est peut-être sur terre
  Plus vrai que le bonheur. »

Comme la question s'est élevée et comme l'imagination du poëte l'a emporté haut, dans un éther lumineux où rien n'est indécis ni confus et où tout est pénétré d'idéal ! — Il n'est pas de ceux qui, après avoir foulé d'un pas allègre les chemins de l'amour, s'arrêtent et se lamentent lorsque plus tard leurs pieds se sont meurtris à des sentiers plus rudes. Il ne crie pas que la vie est un songe et que le bonheur ne dure qu'un instant. Ce moment de félicité, si rapide qu'il soit, il ne faut pas le regretter, il faut le bénir. — Mais ici je laisse parler Alfred de Musset :

« Oui, sans doute, tout meurt, ce monde est un grand rêve,
Et le peu de bonheur qui nous vient en chemin,
Nous n'avons pas plus tôt ce roseau dans la main
    Que le vent nous l'enlève.

« Oui, les premiers baisers, oui les premiers serments
Que deux êtres mortels échangèrent sur terre,
Ce fut au pied d'un arbre effeuillé par les vents,
    Sur un roc en poussière.

« Ils prirent à témoin de leur joie éphémère
Un ciel toujours voilé qui change à tout moment
Et des astres sans nom que leur propre lumière
    Dévore incessamment.

« Tout mourait autour d'eux, l'oiseau dans le feuillage
La fleur entre leurs mains, l'insecte sous leurs pieds,
La source desséchée où vacillait l'image
    De leurs traits oubliés.

« Et sur tous ces débris joignant leurs mains d'argile,
Etourdis des éclairs d'un moment de plaisir,
Ils croyaient échapper à cet être immobile
    Qui regarde mourir.
  « — Insensés ! dit le sage. — Heureux ! dit le poëte. »

Oui, heureux, si ce bonheur que le vent a emporté si vite a laissé dans leurs cœurs des germes féconds. La courte durée des joies humaines n'effraie plus le poëte. Il a vu mourir bien d'autres choses que les feuilles des bois, il a vu de plus funèbres spectacles que celui de Juliette étendue au tombeau. Il a vu sa seule amie survivre à leur affection brisée. Il l'a revue jeune et belle encore, « *plus belle, osait-on dire !* » . . . mais ce n'était plus la beauté d'autrefois, ce n'étaient plus les regards aimés ni la voix aimée ; ce n'était plus qu'une impassible statue, et il a laissé passer cette forme, *en regardant les cieux.*

« Eh ! bien, ce fut sans doute une horrible misère
Que ce riant adieu d'un être inanimé,
Eh ! bien, qu'importe encore ? O Nature, ô ma mère,
  En ai-je moins aimé ?

« La foudre maintenant peut tomber sur ma tête,
Jamais ce souvenir ne peut m'être arraché ;
Comme le matelot brisé par la tempête,
  Je m'y tiens attaché.

« Je ne veux rien savoir, ni si les champs fleurissent,
Ni ce qu'il adviendra du simulacre humain,
Ni si ces vastes cieux éclaireront demain
  Ce qu'ils ensevelissent.

« Je me dis seulement : — A cette heure, en ce lieu,
Un jour, je fus aimé, j'aimais, elle était belle ;
J'enfouis ce trésor dans mon âme immortelle
  Et je l'emporte à Dieu ! »

Quelle hauteur, Messieurs, et quelle passion sincère ! — Celui-là ne ment pas. Il vous ouvre son cœur avec une candeur d'enfant, il vous en montre les blessures saignantes et vous dit : — O mon semblable, ô mon frère, regarde ! j'ai vécu, et voici ce que la vie a fait de moi. — Il ne vous demande pas votre pitié, car il est fier ; il ne vous demande pas de le guérir, car il sait sa blessure incurable. Non, il pleure et il montre sa plaie, parce qu'il n'est ni un stoïque, ni un fakir indien, et, tout en avouant que la violente étreinte de la réalité l'a meurtri, il s'écrie que la vie est bonne, et il la bénit. Il me rappelle ce comte Olaf, chanté par Henri Heine : Olaf est condamné à mort pour avoir été aimé par la fille du roi, et le soir même des noces on le mène à l'échafaud, et tout en gravissant les funèbres degrés, il s'écrie : — « Je bénis le soleil, je bénis la lune et les étoiles du ciel ; je bénis aussi les petits oiseaux qui gazouillent dans l'air.

« Je bénis la mer, je bénis la terre et les fleurs des prés ; je bénis les violettes, elles sont aussi douces que les yeux de mon épousée. »

Le Lac a pour lui un art exquis et une émotion simple et naturelle; *la Tristesse d'Olympio* a le mouvement, l'énergie et la couleur ; le *Souvenir* de Musset a la grandeur, la passion sincère et le naturel tout ensemble. Dans cette œuvre lyrique, il y a plus que de l'art, il y a l'intime poésie du cœur humain.

IV

Hélas ! cette ode si parfaite fut presque le dernier chant du poëte, et comme son adieu à la grande poésie. De temps en temps il crayonnait encore quelques sonnets, il rimait un conte ou fredonnait un rondeau ; mais la muse des *Nuits*, nous ne devions plus l'entendre. Sa voie était muette pour jamais. — Personne n'y voulait croire. On voyait le poëte cheminer vers l'Institut et on ne pouvait s'imaginer qu'il survivait à sa poésie. Quoi ! tant de verve et de jeunesse, et une si rapide caducité ; tant de passion et un si brusque sommeil ! On disait : Il va se réveiller, il va retrouver les accents de la *Nuit de Mai*, les élans de la *Lettre à Lamartine*. — Espoir déçu, il ne se réveilla pas.

Le génie est une divine et précieuse liqueur qui ne garde son parfum et sa vertu que dans des vases fermés aux souffles des joies vulgaires. Si vous laissez le vase ouvert à tous les vents, la liqueur s'évapore. — On a dit et répété, peut-être avec un peu d'ostentation, que le poëte est un pontife et qu'il a charge d'âmes. Je ne sais si on ne s'exagérait pas le rôle du poëte dans la vie ; mais ce dont je suis convaincu, c'est qu'il y a au moins une âme dont le poëte a charge, — c'est la sienne. Si, au lieu d'entretenir et d'aviver l'étincelle intelligente qu'il a reçue d'ailleurs, comme un feu sacré, il la laisse se consumer en de folles ardeurs ou s'éteindre dans l'oisiveté, il est coupable. Or nous sommes le plus souvent punis de nos actions coupables par les conséquences de ces actions mêmes. Selon la pensée énergique de Shakspeare : « Une justice impitoyable reporte à nos lèvres la coupe que nos propres mains ont empoisonnée (1). » Il y a une Némésis en nous. L'incrédule l'appelle Hasard, le chrétien la nomme Providence. Elle siége dans les profondeurs de notre être. Dès que nous avons fait un acte, elle dresse sa balance, elle se met en œuvre et fait produire à cet acte des fruits sains ou vénéneux, selon que l'action elle-même est honnête ou perverse. Qu'on ne dise pas que la liberté humaine est gênée par cette Némésis inflexible, car son intervention commence seulement après que nous avons agi librement. Je suis libre de ne pas jeter une torche dans un baril de poudre ; mais une fois la torche lancée, il n'est plus en mon pouvoir d'arrêter l'explosion. — Cette

---

(1) *Macbeth*, — acte I. — Sc. VII.

loi providentielle émane de nous-mêmes, et elle a fait supporter à Musset les dures conséquences de ses propres actions. Il avait laissé la subtile liqueur exposée à tous les souffles, et la liqueur s'est tarie; il avait abandonné la poésie pour le plaisir, et un jour la poésie l'a abandonné lui-même. Il semble qu'il ait eu le pressentiment de cette destinée en écrivant ces vers de la *Nuit d'Août* :

« De quel front viendras-tu dans ta propre demeure
Chercher un peu de calme et l'hospitalité ?
Une voix sera là pour crier à toute heure :
Qu'as-tu fait de ta vie et de ta liberté ?

« Crois-tu donc qu'on oublie autant qu'on le souhaite ?
Crois-tu qu'en te cherchant tu te retrouveras ?
De ton cœur ou de toi, lequel est le poëte ?
C'est ton cœur, et ton cœur ne te répondra pas. »

Ainsi il se traîna pendant dix ans, le spectre de lui-même. Il sentait cet affaissement et il l'a traduit dans ce sonnet qui est comme la confession solennelle de sa muse à l'agonie :

« J'ai perdu ma force et ma vie
Et mes amis, et ma gaîté ;
J'ai perdu jusqu'à la fierté
Qui faisait croire à mon génie.

« Quand j'ai connu la Vérité,
J'ai cru que c'était une amie ;
Quand je l'ai comprise et sentie,
J'en étais déjà dégoûté.

« Et pourtant elle est éternelle,
Et ceux qui se sont passés d'elle
Ici-bas ont tout ignoré.

« Dieu parle, il faut qu'on lui réponde.
Le seul bien qui me reste au monde
Est d'avoir quelquefois pleuré. »

Il mourut le 2 mai 1857, et, il faut l'avouer, sa mort ne causa pas immédiatement dans le monde lettré les regrets qu'elle devait faire naître plus tard. — Une de ces amies inconnues que la publicité donne aux poëtes, une femme de cœur et d'esprit qui a voué un culte à la mémoire de Musset et qui avait assisté, à Saint-Roch, à la messe funèbre, m'a souvent conté l'impression douloureuse que lui avait faite la vue de ce cercueil illustre entouré de si peu d'amis. — On s'est servi de cette abstention de la foule et surtout des jeunes gens comme d'une arme contre Musset. On a proclamé qu'il n'était plus le poëte de la jeunesse et que la jeunesse l'avait oublié et renié au jour de sa mort. La jeunesse d'alors, Messieurs, s'oubliait et se reniait elle-même. A cette époque-là, et à part quelques exceptions, il n'y avait pas de jeunesse, ou du moins les plus précieuses qualités qui constituent la jeunesse s'étaient engourdies dans le cœur de la génération qui atteignait alors à la vingtième année. Le regrettable système d'enseignement connu sous le nom de *bifurcation* avait porté ses fruits. — On ne voulait plus de poésie ni d'études spéculatives, ni de discussion. On ne voulait plus penser. On avait jeté une sorte d'interdit sur les grands poëtes de la Grèce et de Rome, l'histoire n'était plus qu'une sèche nomenclature ; on voulait des faits, rien que des faits : — de la grammaire, des dates, et des syllogismes. — Au sortir de cet enseignement aride et sans grandeur, les jeunes gens ne s'inquiétaient ni de la pensée, ni de l'art, ni des problèmes de la vie humaine ; ils n'avaient qu'une aspiration et qu'un but, s'amuser, et ils s'amusaient. Ce n'est qu'après la guerre généreuse qui a délivré l'Italie qu'une sorte de réveil s'est manifesté dans la jeunesse. — On a jugé la bifurcation à ses résultats, et enfin un ministre courageux a fait sortir l'enseignement des chemins perdus où on l'avait fourvoyé. Les lettres et l'histoire ont repris leur grande place dans les études classiques et, comme l'a dit un de nos amis, « la philosophie y est rentrée triomphante. » — La jeunesse d'aujourd'hui a un autre idéal et d'autres préoccupations ; elle se presse dans les cours publics ouverts de tous côtés ; elle veut connaître, elle veut marcher en avant, et son intelligence s'épanouit au souffle renaissant de la liberté de penser.

C'est à cette jeunesse, c'est aux nouvelles générations qui entrent dans la vie, qu'il appartiendra de juger l'œuvre d'Alfred de Musset et de donner au poëte la place glorieuse qu'il mérite.

— Il y a deux sortes de gloire littéraire. — Il arrive souvent que la foule décerne des ovations bruyantes et irréfléchies à certains écrivains qui ont flatté ses caprices, ses défauts ou même ses bassesses. A la suite d'un engouement ou d'un mot d'ordre, un homme, hier obscur, se trouve aujourd'hui acclamé et mis en pleine lumière. Où sera-t-il demain ? Demandez-le aux gémonies de la littérature ? — Ces brillantes et rapides célébrités ressemblent aux étincelantes broderies de givre dont une matinée brumeuse suffit pour couvrir une forêt. Vienne un coup de soleil, et tout se fond, et vous ne voyez plus que des branches noires et décharnées.

Il y a une autre célébrité que celle-là, une célébrité qui s'établit peu à peu et par une sorte de travail latent des intelligences. Elle se forme lentement, parce que le vrai beau ne se laisse pas pénétrer en une minute, comme le joli ou le plaisant ; il faut pour le sentir et le goûter la réflexion et l'étude. — Toutes les larmes que le poëte a fait verser, tous les sourires qu'il a fait éclore, entrent comme éléments dans la composition de cette durable renommée. Tout-à-coup elle se révèle, elle resplendit et elle s'impose.—

Ainsi, aux flancs des Pyrénées, il est des grottes spacieuses où, pendant des siècles, l'eau filtrée goutte à goutte vient se cristalliser le long des parois. Longtemps ce travail mystérieux s'accomplit dans la nuit. Puis un jour, le hasard fait découvrir l'entrée souterraine. On apporte des lumières, on allume un grand feu, et aux lueurs de la flamme, toute une merveilleuse architecture de cristaux irisés et de blancs stalactites scintille aux regards de la foule éblouie.

Voilà l'image de la gloire, de la vraie gloire. Ce sera celle d'Alfred de Musset. Sa poésie restera toujours jeune, parce qu'elle répond à des sentiments et à des passions qui ne vieillissent pas. Tant que durera l'humanité, il y aura de jeunes enthousiasmes, des cœurs aimants et des amours brisées ; tant que durera l'humanité, on souffrira, on pleurera et on poursuivra un idéal. Or Musset a réussi à fixer dans une forme pure et originale toutes ces grandes agitations de l'âme humaine. Il n'est pas seulement de son époque, il est de tous les temps. On l'aime et on l'aimera toujours, comme on aime les fleurs, le soleil et les bois, — comme on aime la nature.

Amiens. — Imprimerie de T. JEUNET.

www.ingramcontent.com/pod-product-compliance
Lightning Source LLC
Chambersburg PA
CBHW070656050426
42451CB00008B/382